Quellennachweise

Texte:
Seite 16: aus: Marlise Müller (Hg.), Enkel schreibt man nicht mit „g". Vom fröhlichen Umgang mit kleinen Leuten, © Verlag Junge Gemeinde, Stuttgart, 7. Aufl. 1991, S. 5.
Seite 20: aus: Selma Lagerlöf, Die schönsten Legenden, © 1975 by nymphenburger in der F. A. Herbig Verlagsbuchhandlung GmbH, München. Aus dem Schwedischen von Marie Franzos.
Seite 30 f: aus: Irina Korschunow, Niki aus dem zehnten Stock, © bei der Autorin.

Fotos:
Umschlag, Seite 5, 9 13, 17, 21, 25, 29, 33, 37, 41: Heidi Velten, Leutkirch-Ausnang.
Seite 1, 38/39, 45: Willi Rauch.

> **Bibliografische Information Der Deutschen Bibliothek**
>
> Die Deutsche Bibliothek verzeichnet diese Publikation in der Deutschen Nationalbibliografie; detaillierte bibliografische Daten sind im Internet über http://dnb.ddb.de abrufbar.

Das Gesamtprogramm
von Butzon & Bercker
finden Sie im Internet
unter www.bube.de

ISBN-13: 978-3-7666-0778-2
ISBN-10: 3-7666-0778-2

© 2006 Verlag Butzon & Bercker D-47623 Kevelaer, Deutschland
Alle Rechte vorbehalten.
Umschlaggestaltung und Satz: Elisabeth von der Heiden, Geldern

Reinhard Abeln

Enkel sind ein Segen

Butzon & Bercker

Ein Wort zuvor

Liebe Großeltern, Sie freuen sich an Ihren Enkelkindern. Sie verfolgen ihre Entwicklung mit großem Interesse und stellen sich vielleicht vor, was einmal aus diesen Kindern werden wird. Einen Wunsch haben Sie bestimmt alle für Ihre Enkel: Sie sollen gesunde und frohe, gute und glückliche Menschen werden, die das Leben tapfer meistern. Und dazu leisten Sie als Großeltern einen Beitrag. Wie dieser Beitrag aussehen kann, davon erzählt dieses Buch. Es enthält Texte, die Sie zum Nachdenken einladen und Ihnen Anregungen geben wollen für den Umgang mit Ihren Enkelkindern. Durch Ihr Tun, durch Ihre Erziehung unterstützen Sie Ihre Enkel dabei, erwachsene Menschen zu werden. Ihre Anwesenheit und Aufmerksamkeit sind gefragt. Und wenn Sie wissen wollen, ob Sie auf dem richtigen Weg sind, dann erinnern Sie sich möglichst oft an Ihre eigene Kindheit, an alles, was Sie als Kind selbst gefühlt und erlebt haben.

Reinhard Abeln

Zeit haben

Zeit ist heute in vielen Familien Mangelware und darum viel wertvoller als Geld oder teure Geschenke.

Enkel verbringen ihre Zeit gern mit Oma und Opa. Aber nicht jeder Besuch bei den Großeltern muss ein „Highlight" wie einen Besuch im Zoo oder beim Volksfest bieten. Es reicht, den Enkeln das Gefühl zu geben: Zu Oma und Opa kommen, ist immer etwas Besonderes. Auch, wenn ganz normaler Alltag stattfindet.

Es ist schön, wenn sich Großeltern viel Zeit für ihre Enkel nehmen. Manche Großeltern versichern, für ihre eigenen Kinder nicht so viel Zeit gehabt zu haben wie für ihre Enkelkinder. Für Kinder ist die entspannte Atmosphäre bei den Großeltern von unschätzbarem Wert.

Der Anfang aller Erziehung heißt:
Zeit haben für das Kind.

Karl Hesselbacher

Was Enkel sich wünschen

Je nach Alter haben Kinder unterschiedliche Bedürfnisse und Wünsche an ihre Großeltern:

Kleinere Kinder lieben den Märchen- und Geschichtenschatz der Großeltern.

Achtjährige schwärmen von schönen Spielstunden mit Oma und Opa.

Zehnjährige schätzen Opas sachliches Wissen und Omas Koch- und Backkünste.

Zwölfjährige sind dankbar für die Hilfe bei der Erledigung der Hausaufgaben.

Vierzehnjährige vertrauen den Großeltern eher ihre Kümmernisse an als den eigenen Eltern.

Sechzehnjährige suchen in den Großeltern oft verständnisvolle Gesprächspartner für ihre Anliegen.

„Opa, ich heirate dich!"

Wie schön ist es, wenn Großeltern ihren Enkeln viel Liebe entgegenbringen! Wie schön ist es aber auch umgekehrt: Wenn die Enkel den Großeltern zeigen, wie lieb sie sie haben!

Gibt es etwas Rührenderes, als wenn ein kleines Enkelkind – eine süße Enkeltochter – dem Großvater am Halse hängt und beteuert: „Opa, ich heirate dich"? Da wird dem alten Mann plötzlich ganz warm ums Herz, und er hat Mühe, es sich nicht anmerken zu lassen. Nicht einmal bei seinen eigenen Kindern hatte er so zärtliche Gefühle!

Ich wünsche Ihnen, liebe Großeltern, von ganzem Herzen einen oder mehrere Enkel, die auch Ihnen um den Hals fallen und Ihnen freudestrahlend ins Ohr flüstern: „Oma – Opa – ich hab dich lieb!"

9

Aus Kindermund

Großeltern stehen bei ihren Enkeln meistens hoch in Kurs. Kinder zwischen sieben und vierzehn Jahren schreiben darüber in Schulaufsätzen:

Mit Großeltern hat man zwei Zuhause: eins bei sich und eins bei ihnen.

Großeltern kann man all die schlimmen Dinge erzählen, die man seinen Eltern nicht sagen kann. Und dann erzählen sie einem, was für schlimme Sachen sie früher selbst angestellt haben.

Meine Großeltern haben immer viel Zeit für mich. Sie kennen wunderbare Geschichten und erklären mir alles ganz genau.

Großeltern sind Menschen, die dich lieben, nicht weil du hübsch oder gescheit bist oder gute Zeugnisse hast, sondern weil du du bist.

Meine Großeltern sind sehr lieb und zu Späßen aufgelegt.
Mit dem Videorekorder kommen sie nicht zurecht, sodass ich ihnen dabei helfen muss.

Im Großen und Ganzen mag ich Großeltern gut leiden, vor allem, da ich ja weiß, dass ich eines Tages selbst zu ihnen gehören werde.

Bei meinen Großeltern darf ich laut sein und das Geländer runterrutschen, ohne dass jemand meckert.

Meine Großeltern hauen und schimpfen nie, sie zanken sich auch nicht, deshalb bin ich oft und gern bei ihnen.

Meine Großeltern sind äußerlich alt und innerlich jung.

Meine Großeltern haben einen sehr alten Kachelofen. Im Winter macht er die Wohnung schön warm und man kann Äpfel darin braten.

Ein Segen für die Welt

Ihr Brüder und Schwestern der älteren Generation, ihr seid ein Schatz für die Kirche, ihr seid ein Segen für die Welt!
Wie oft müsst ihr die jungen Eltern entlasten, wie gut könnt ihr die Kleinen einführen in die Geschichte eurer Familie und eurer Heimat, in die Märchen eures Volkes und in die Welt des Glaubens! Die Jugendlichen finden in ihren Problemen oft leichter zu euch als zur Generation ihrer Eltern. Euren Söhnen und Töchtern seid ihr in schweren Stunden die wertvollste Stütze.
Mit Rat und Tat wirkt ihr in vielen Gremien, Vereinigungen und Initiativen des kirchlichen und zivilen Lebens mit. Ihr seid eine notwendige Ergänzung in einer Welt, die sich für den Schwung der Jugend und für die Kraft der so genannten „besten Jahre" begeistert, in einer Welt, in der so sehr zählt, was man zählen kann. Ihr erinnert sie daran, dass sie auf dem Fleiß derer weiterbaut, die früher jung und kraftvoll waren, und dass auch sie eines Tages ihr Werk in jüngere Hände legen wird.
In euch wird sichtbar, dass der Sinn des Lebens nicht nur in Geldverdienen und Geldausgeben bestehen kann, dass in allem äußeren Tun zugleich etwas Inneres reifen soll und in allem Zeitlichen etwas Ewiges.

Papst Johannes Paul II.

13

„Bei Oma und Opa ist es schön"

Tobias ist sieben Jahre alt. Seine Großeltern wohnen am Stadtrand in einem kleinen Haus, und Tobias besucht sie dort jede Woche. Das ist immer ein besonders schöner Tag, auf den er sich sehr freut.

Kaum hat Tobias die Haustür geöffnet, steigt ihm der gute Duft von Omas Kuchen in die Nase. Oma backt jede Woche für ihren Enkel den süßesten und größten Kuchen, den man sich denken kann. Sie tut dies nach altem Rezept.

Tobias freut sich, wenn ihm die Großmutter schöne Geschichten erzählt. Besonders glücklich ist er, wenn er dem Großvater viele Fragen stellen darf. Opa weiß auf alles eine Antwort und wird nie ungeduldig. „Frag nur", sagt er immer wieder zu seinem neugierigen Enkel.

Waldi, der kleine Dackel von Oma und Opa, wartet sehnsüchtig darauf, dass Tobias im Garten mit ihm Fangen spielt. Waldi läuft voraus, Tobias hinterher. Die wilde Jagd geht so lange im

Kreis herum, bis beide müde sind. Tobias füllt frisches Wasser in den Hundenapf, damit Waldi seinen Durst löschen kann.
Im Garten steht eine Tonne, in der Opa das Regenwasser auffängt. Für Tobias ist dies ein herrlicher See, auf dem er seine Papierschiffchen schwimmen lassen kann. Einmal hat er auch schon sein kleines Elektroboot darauf fahren lassen.
In Großvaters Gartenhaus steht eine richtige Hobelbank. Die ist für Tobias besonders interessant. Opa hat sie von seinem Vater geerbt und arbeitet oft daran. Am schönsten ist es, wenn Tobias seinem Großvater bei der Arbeit zuschauen und auch selbst mithelfen darf.
Tobias beobachtet im Garten gerne Tiere. Wenn er unter dem großen Apfelbaum sitzt, dann schaut er den Meisen und Amseln zu, wie sie miteinander um die Wette singen und dabei flink ihre Köpfchen drehen. Manchmal darf Tobias dem Opa helfen, ein neues Blumen- oder Gemüsebeet herzurichten.

„Es ist jetzt gleich 18.00 Uhr", ruft Oma Tobias zu, „du musst dich wieder auf den Heimweg machen!" „Schade, dass der Tag so schnell vergangen ist", denkt Tobias und bedankt sich bei den Großeltern für den schönen Nachmittag. „Bei Oma und Opa ist es schön!", sagt er seinen Eltern zu Hause.

Enkel nicht mit „g"

Enkel sind gewöhnlich keine Engel,
Enkel schreibt man besser nicht mit „g";
Enkel sind mitunter eher Bengel,
und sie haben ziemlich große Mängel:
Hans und Gaby, Klaus und Dorothee …

Beim Spaziergang reizt sie jede Pfütze,
und sie halten nichts vom Sonntagsstaat –
in der Gosse schwimmt die neue Mütze,
an der Klinke klebt die Rote Grütze,
auf den Teppich kleckert der Spinat.

Doch sie werden groß, die lieben Kleinen,
und schon naht die bewusste Zeit,
da sie als Rebellen uns erscheinen,
alles besser wissen, anders meinen –
und sie sind so unerhört gescheit!

Enkel kann man nicht beliebig lenken
oder gar beschützen in Gefahr,
Enkeln muss man seine Liebe schenken,
doch am besten ist es, dran zu denken,
dass man selber auch ein Enkel war …

Marlise Müller

„Opa, ich hab dich lieb"

Nach dem Tod seiner Frau siedelte Opa Wagner zu Tochter und Schwiegersohn über. Die jungen Leute waren den ganzen Tag in ihrem Schuhgeschäft tätig. In der Küche regierte Hilde – ein junges Mädchen – als Haushälterin. Sie musste Haus und Garten versorgen und die dreijährige Tochter Katja beaufsichtigen. Das brachte viel Arbeit mit sich.

Opa bot seine Hilfe an. Hilde nahm sie gerne in Anspruch. So schälte der Großvater Kartoffeln, holte Gemüse aus dem Keller, mähte den Rasen und erledigte zuweilen Besorgungen.

Und dann war da noch das Kind. Katja betrachtete den neuen Hausgenossen mit einer aus Misstrauen und Ängstlichkeit gemischten Erwartungshaltung. Aber als Opa eines Tages Papier und Farbstifte kaufte und sagte: „Komm, Katja, wir wollen zusammen malen", da wurde das Mädchen zusehends zutraulicher.

Opa Wagner verstand es, Pferde, Schafe und Hühner zu malen, Häuser, Autos, Bäume und viele andere Dinge mehr. Katja begann zu fragen: „Was macht das Pferd? Wie viele Eier legen die Hühner? Wohin fährt das Auto? Wer wohnt in dem Haus?" Der Opa musste seine ganze Phantasie zu Hilfe nehmen, um das neugierige Mädchen zufrieden zu stellen.

Eines Abends hatte die Haushälterin Einkäufe zu machen. In

der Küche begann es zu dunkeln.
Da kam Katja, setzte sich auf
Opas Knie und bat: „Opa,
erzähl mir doch eine
schöne Geschichte!"
Opa tat es. Katja lauschte
gebannt seinen Worten.
Als er endete, verharrte sie
in atemlosem Schweigen.
Dann sagte sie: „Das war
aber schön!"
Und sie schlang ihre Arme um
den Hals des alten Herrn und
flüsterte ihm freudestrahlend ins Ohr:
„Opa, ich hab dich lieb!"
Tränen traten ihm in die Augen. Gerührt legte er seinen grauen
Kopf an die Wange des Mädchens. „Ich hab dich lieb" – dieses
Wort erschütterte ihn. „Ich hab dich lieb" – war es denkbar und
möglich?
Viele Menschen waren ihm in einem langen Leben begegnet.
Fünf Kinder hatte er mit Arbeit und Fleiß großgezogen. Doch
wie lange schon hatte ihm keiner mehr ein freundliches Wort
gesagt? Nun warf dieses Kind einen Lichtstrahl beseligender
Freude in die dunkle Einsamkeit seines Alters – und das durch
vier kurze, aber köstliche Worte: „Ich hab dich lieb!"

Großmutter

Als ich fünf Jahre alt war, hatte ich einen großen Kummer. Ich weiß kaum, ob ich seitdem einen größeren gehabt habe. Das war, als meine Großmutter starb. Bis dahin hatte sie jeden Tag auf dem Ecksofa in ihrer Stube gesessen und Märchen erzählt. Ich weiß es nicht anders, als dass Großmutter dasaß und erzählte, vom Morgen bis zum Abend, und wir Kinder saßen still neben ihr und hörten zu. Das war ein herrliches Leben. Es gab keine Kinder, denen es so gut ging wie uns.

Ich erinnere mich nicht an sehr viel von meiner Großmutter. Ich erinnere mich, dass sie schönes, kreideweißes Haar hatte und dass sie sehr gebückt ging und dass sie immer dasaß und an einem Strumpf strickte.

Dann erinnere ich mich auch, dass sie, wenn sie ein Märchen erzählt hatte, ihre Hand auf meinen Kopf zu legen pflegte, und dann sagte sie: „Und das alles ist so wahr, wie dass ich dich sehe und du mich siehst."

Selma Lagerlöf

Jedem Kind gerecht sein

Ein junger Mann war bei einem älteren Freund zu Gast, dessen Gerechtigkeitssinn gerühmt wurde. Er sah, wie der Ältere mit seinen Kindern umging, und er wunderte sich sehr: „Du sagst, dass du jedes deiner Kinder so liebst wie das andere. Nun sehe ich aber, dass du sie unterschiedlich behandelst. Wo bleibt da die Gerechtigkeit?" „Sie besteht darin", antwortete der Ältere, „dass ich mich bemühe, jedem Kind gerecht das zuzuteilen, was es braucht. Würde ich sie alle gleich behandeln, wäre ich wohl sehr ungerecht."

Diese kleine Erzählung macht deutlich, dass es für Großeltern unmöglich ist, alle Enkel gleich zu behandeln. Kein Kind ist so wie das andere. Jedes Kind ist eine eigene Persönlichkeit, die es nur einmal auf der Welt gibt. Großeltern werden ihren Enkeln nicht gerecht, indem sie diese wie mit dem Rasenmäher auf die gleiche Höhe stutzen. Vielmehr gilt es, jedes Kind in seiner Eigenart vorbehaltlos anzunehmen und zu lieben.

Die Stubenfliege

Im Sprechzimmer eines Arztes saß ein kleiner Junge mit seiner Oma. Während sie darauf warteten, vom Arzt hereingerufen zu werden, entwickelte sich zwischen den beiden ein Gespräch über eine Fliege, die am Fenster hin- und hersurrte.

„Oma, warum ist die Fliege hier im Zimmer?"

„Weißt du, draußen ist es jetzt kalt und hier drin so warm, und da ist die Fliege einfach hereingeflogen."

„Warum zieht die Fliege denn keine Jacke an, wenn es so kalt ist?"

„Sie hat keine Arme für die Ärmel, und eine so kleine Jacke für Fliegen gibt es gar nicht."

„Dann soll die Fliege hier bleiben, bis es draußen wieder warm ist."

Enkel, die als kleine Kinder mit ihren Fragen zu ihren Großeltern kommen durften, tun dies oft auch noch als Jugendliche.

Reinhard Abeln

Das Charisma

Die Alten haben oft das Charisma,
Barrieren zwischen den Generationen
zu überbrücken, ehe sie entstehen.
Wie viele Kinder haben Verständnis und Liebe
in den Augen der Alten gefunden,
in ihren Worten und ihren Zärtlichkeiten!
Und wie viele alte Menschen
haben von Herzen das inspirierte Wort
aus der Bibel unterschrieben:
„Eine Krone der Alten
sind die Kinder ihrer Kinder"
(Buch der Sprichwörter 17,6).

Papst Johannes Paul II.

Kindern wird man oft erst im Alter gerecht,
dann stehen sie einem viel näher als in jungen Jahren.

Alte Redensart

Sachen zum Lachen

Es ist der Abend vor Simons Geburtstag. Der Neunjährige spricht wie gewöhnlich sein Abendgebet. Plötzlich ruft der Junge in höchster Lautstärke: „Und dann, lieber Gott, mach doch bitte, dass ich morgen ein Fahrrad und ein Indianerbuch bekomme!"
„Warum schreist du denn so?", will die Mutter von ihrem Sohn wissen.
„Der liebe Gott ist doch nicht schwerhörig!"
„Der liebe Gott nicht", antwortet Simon, „aber der Opa nebenan!"

„Oma, ich möchte mich für das schöne Spielzeug zu meinem Geburtstag bedanken."
„Aber das ist doch nicht nötig."
„Das finde ich auch, aber Mama hat gesagt, ich solle mich trotzdem bedanken."

„Oma, spiel mit uns! Wir spielen nämlich die Bären im Tiergarten."
„Und was soll ich dabei?", fragt die Großmutter.
„Du bist eine nette alte Dame, die den Bären immer Süßigkeiten zuwirft."

Die Kinder auf dem Spielplatz machen einen tollen Lärm. Großvater sucht zu schlichten und erkundigt sich: „Weshalb streitet ihr denn so?"
„Wer die größte Lüge erzählt, bekommt eine Banane!", verrät der älteste Junge.
„Kinder, Kinder", meint Großvater da tadelnd, „als ich in eurem Alter war, wusste ich noch nicht einmal, was eine Lüge ist!"
„Klaus", rief da der Kleinste, „gib ihm die Banane!"

Toni ist bei der Oma in Ferien. Jeden Abend betet sie mit ihm: „Lieber Gott, mach mich fromm, dass ich in den Himmel komm!"
Eines Abends aber fragt Toni mit erschrockenen Augen: „Aber Oma, wie komme ich denn da wieder herunter?"

Der kleine Peter kommt ins medizinische Fachgeschäft.
„Ist das Hörgerät für meinen Opa fertig?", fragt er.
„Noch nicht, mein Junge", erwidert der Inhaber freundlich. „Braucht es dein Opa denn so dringend?"
„Das nicht, aber die Oma möchte ihm mal wieder gehörig die Meinung sagen."

Der Großeltern Werk

Vor meinem geistigen Auge sehe ich viele ältere und alte Menschen, die erstaunliche Phantasie für eine sinnvolle Tätigkeit entwickeln …

In einem Haus auf dem Land, in dem ich die Balkonbepflanzung und das selbst gebackene Brot rühmte, erfuhr ich: „Das macht die Großmutter", und der gepflegte Garten, der reparierte Schuppen und die Imkerei waren des Großvaters Werk.

Bei den Enkelkindern spielten die Großeltern eine Riesenrolle. Diese nahmen sich Zeit zum Plaudern und Spielen, erzählten von „früher" und hielten damit die Tradition aufrecht.

So heißt Altsein nicht unbedingt: darauf warten müssen, dass andere etwas für einen tun. Altsein ist nicht gleichbedeutend mit Rückzug in die Einsamkeit. Es kann sehr wohl heißen: reif genug sein zum Mittun, großherzig genug sein zum Dienst für andere.

Bischof Georg Moser, Rottenburg-Stuttgart

29

Mut machen

Seitdem Niki schwimmen gelernt hatte, ging er oft mit anderen Kindern in die Badeanstalt. Er schwamm, tauchte, schlug Purzelbäume und planschte. Nur vor einem fürchtete er sich: vor dem Sprungturm. Deshalb bekam er einen gewaltigen Schreck, als der große Bernd sagte: „Los, heute springen wir alle vom Dreimeterbrett." Niki wollte schnell verschwinden, aber Bernd rief: „Du auch, Niki, oder bist du feige?" Niki kletterte mit klopfendem Herzen die Leiter hinauf. Die anderen schoben ihn nach vorn auf das schmale Brett hoch über dem Wasser. „Er soll als Erster springen!", riefen sie. Das war zu viel. Er riss sich los und lief zur Leiter. „Feigling", lachten die anderen.
Zu Hause erzählte er dem Großvater die ganze Geschichte. Er hörte zu und nickte. „Soll ich dir etwas verraten, Niki? Das Dreimeterbrett ist gar nicht hoch. Es kommt dir bloß so vor, weil du Angst hast. Und Angst hast du nur, weil du noch nie gesprungen bist. Pass auf, wir versuchen es einmal zusammen. Ich sprin-

Die Freude und das Lächeln der Kinder sind der Sommer des Lebens.

Jean Paul

ge zuerst …" „Du?", rief Niki. „Glaub ich nicht." „Jawohl, ich", sagte der Großvater. „Ich hab nämlich keine Angst, weil ich weiß, dass es nicht hoch ist. Also willst du?" „Hm", machte Niki misstrauisch, aber am Abend ging er mit dem Großvater noch einmal in die Badeanstalt. Zusammen kletterten sie auf das Dreimeterbrett, und nachdem der Großvater gesprungen war, kniff Niki die Augen zu und sprang hinterher. Hilfe! wollte er schreien, aber dann – kaum zu glauben, dann war es gar nicht schlimm. Nach dem vierten Sprung hatte Niki seine Angst endgültig verloren.

Am nächsten Tag, als der große Bernd grinsend sagte: „Spring mal vom Dreimeterbrett, du Feigling!", da kletterte Niki seelenruhig hinauf. Es machte platsch, und bevor Bernd seinen Mund zugeklappt hatte, schwamm Niki schon unten im Wasser.

Irina Korschunow

Solange die Kinder klein sind, gib ihnen Wurzeln.
Sind sie älter geworden, gib ihnen Flügel.

Sprichwort aus Indien

Deine Enkel

Deine Enkel sind nicht deine Enkel.
Sie kommen durch dich, aber nicht von dir,
und obwohl sie bei dir sind,
gehören sie dir nicht.

Du kannst ihnen deine Liebe geben,
aber nicht deine Gedanken,
denn sie haben ihre eigenen Gedanken.

Du kannst ihrem Körper ein Heim geben,
aber nicht ihrer Seele,
denn ihre Seele wohnt im Haus von morgen,
das du nicht besuchen kannst,
nicht einmal in deinen Träumen.

Du kannst versuchen, ihnen gleich zu sein,
aber suche nicht, sie dir gleichzumachen.
Denn das Leben geht nicht rückwärts
und verweilt nicht beim Gestern.

Nach Khalil Gibran

Lernfähig

Als Mark Twain noch Redakteur einer Zeitung war, erhielt er eines Tages den Klagebrief eines Siebzehnjährigen:
„Ich verstehe mich nicht mehr mit meinem Vater. Er ist rückständig und hat keinen Sinn für Modernes. Was soll ich tun?"
Mark Twain antwortete:
„Ich kann Sie gut verstehen. Als ich 17 Jahre alt war, war mein Vater ebenso ungebildet. Aber haben Sie Geduld mit so alten Leuten, sie entwickeln sich langsamer. Zehn Jahre später, als ich 27 Jahre alt war, hatte er so viel dazugelernt, dass man sich schon ganz vernünftig mit ihm unterhalten konnte.
Und heute – ob Sie es glauben oder nicht – frage ich meinen Vater, wenn ich keinen Rat mehr weiß. Es ist verblüffend, was der alte Herr in der Zwischenzeit alles gelernt hat!"

Bei Teenies hoch im Kurs

Nicht selten bekommen Großeltern für Enkel in der Pubertät eine neue, wichtige Bedeutung. Wenn der Ton im Elternhaus rauer, die Auseinandersetzungen schärfer werden, tut es einfach gut, jemanden zu haben, bei dem man sich verstanden und rundherum angenommen fühlt.

Dabei müssen Großeltern keineswegs die „Cool-Sprache" der Teenies beherrschen oder über aktuelle Gegebenheiten der „Szene" informiert sein, um mit ihren Enkeln auf eine Wellenlänge zu kommen. Was Kinder an ihren Großeltern vor allem schätzen, ist deren Persönlichkeit.

Die Großeltern sind für Enkel etwas Besonderes, weil sie vieles lockerer sehen und mehr Distanz haben als die Eltern. Oma und Opa strahlen so eine wohltuende Ruhe, so eine hilfreiche Gelassenheit aus, die Heranwachsende anspricht und fasziniert.

Die Liebe des Betagten

Wer vermag reiner und selbstloser zu lieben als der Betagte, wer besser in Ruhe zu sprechen, wer gelassener die Wirren der Zeit zu überschauen?
Er ist nun zu sich selbst gekommen und darf auf den Schein verzichten. Er weiß, dass es besser ist, zu verstehen als zu verachten.
Und es ist kein Zweifel, dass ein Verstehen, wenn es auf dem Boden der Erfahrung an unserem eigenen widerspruchsvollen Ich erwuchs und keinen Menschen als fertig, jeden vielmehr als Werdenden ansieht, nicht in Verzweiflung endet.

Albert Schweitzer (1875–1965)

Erst bei den Enkeln ist man dann so weit,
dass man die Kinder ungefähr verstehen kann.

Erich Kästner

Wort eines Kindes an die Erwachsenen

Ich bin kein Apotheker,
nur ein Kind;
ich arbeite nicht im Labor der BASF,
ich bin nur ein spielendes Kind;
ich fördere nicht das Bruttosozialprodukt
meines Landes,
ich bin nur ein spielendes Kind;
ich verbessere nicht
den Lebensstandard meiner Familie,
ich bin nur ein spielendes Kind.
Was ich tue,
lässt sich nicht verwerten,
ausstellen, verkaufen;
was ich versuche,
lässt sich nicht verzinsen;
was ich hier treibe.

Kinder sind die Flügel
des Menschen.

Aus Arabien

erschließt keine neuen Energiequellen;
was ich entdeckt habe,
ist nichts für Fernsehen oder Zeitung.
Ich bin nur ein spielendes Kind,
aber ich bin dabei,
den Dingen auf den Grund zu kommen,
die Welt zu entdecken
und den Auftrag des Schöpfers zu begreifen:
„Macht euch die Erde untertan!"
Ich bin dabei,
den Dingen einen Namen zu geben.
Ich bin dabei,
ein Mensch zu werden.

Verfasser unbekannt

Drei Dinge sind aus dem Paradies geblieben:
Sterne, Blumen und Kinder.

Dante Alighieri

Der Apfelbaum

Der russische Dichter Leo N. Tolstoi (1828–1910) erzählt folgende Geschichte:

Ein alter Mann pflanzte ein Apfelbäumchen. Da lachten die Leute und sagten: „Warum pflanzt du dieses Bäumchen? Viele Jahre werden vergehen, bis es Früchte trägt, und du selbst wirst von diesem Bäumchen keine Äpfel mehr essen können."
Da antwortete der Alte: „Ja, so ist es. Ich werde von diesem Bäumchen keine Äpfel mehr ernten. Aber wenn nach vielen Jahren meine Kinder und Enkelkinder von diesem Baum essen, werden sie mir dankbar sein."

Gute Großeltern
gleichen Regenschirmen,
sind Schlechtwetterschutz.
Sie sind da, griffbereit,
doch sie drängen ihre Hilfe nicht auf.

Anna Six

Mit Gott im Bunde geht's leichter

Martin Buber (1878–1965), der jüdische Religionsphilosoph, erzählt in einem seiner Werke die Geschichte von einem Rabbi und seinem kleinen Enkel:

Der kleine David, ein Enkel des Rabbi Baruch, liebte es, Verstecken zu spielen. Eines Tages spielte er wieder, zusammen mit einem anderen Jungen. Er verbarg sich so gut, dass er meinte, sein Freund müsse lange suchen, bis er ihn fände – und darüber freute er sich.
Lange wartete der kleine David im Verborgenen, aber vergebens. Schließlich verließ der Junge sein Versteck, er fand den Knaben nicht mehr und merkte endlich, dass der ihn gar nicht gesucht hatte. Weinend lief er in die Stube seines Großvaters und klagte: „Ich habe mich versteckt, und der böse Henoch hat mich nicht einmal gesucht!"
Da entströmten den Augen des Rabbi Baruch Tränen und er sagte: „Schau, so klagt Gott auch! Er hat sein Antlitz vor uns verborgen, dass wir ihn suchen und ihn finden – wir aber suchen ihn nicht."

Gott sagt immer Ja zu uns

Wir brauchen bei Kindern keine Phantasie- und Märchenwelt um den Begriff „Gott" aufzubauen. Man muss nicht Wolken, Thron, Himmelspapa, Krone und ähnliche Vorstellungen bemühen, sondern es genügt, vom „großen, guten Gott" oder vom „lieben Gott" zu sprechen, dem man sich ganz anvertrauen kann. Gott gibt uns gern, was für uns nötig und gut ist. Er liebt uns. Gott sagt immer Ja zu uns, und das können auch Großeltern ihren Enkeln vermitteln und vorleben.

Ein zweijähriger Junge hatte zehn Eier aus dem Kühlschrank genommen und mutwillig auf die Erde geworfen, sodass eine große Lache aus glibberigem Eiermatsch den Küchenboden bedeckte. Als seine Oma dazukam, fragte der Kleine besorgt und im plötzlichen Bewusstsein, sich eine ziemliche Dummheit geleistet zu haben: „Harald lieb?" Die Oma sagte: „Harald ist lieb, aber Eier auf den Boden werfen, ist nicht schön."

Ein Kind, das solches erfährt, wird später begreifen, dass Gott, der das Böse verurteilt, uns selbst trotz all unserer Fehler und Schwächen bejaht; dass er uns vergibt, wenn wir ihn darum bitten. Gott ist und bleibt immer der Liebende. So entsteht eine gute, richtige und tiefe Gottesbeziehung, die das ganze Leben hindurch trägt.